超级疯狂阅读

揭秘德艺双馨的文艺巨匠

崔钟雷　主编

知識出版社

前言

当婴儿啼哭时，母亲温柔地怀抱着他，嘴中哼着温柔的《摇篮曲》，母亲的哼唱声仿佛有一种神奇的力量，抚平了婴儿的哭泣。当少年认识世界时，母亲握着他的手，描绘出绚烂多彩的世界，母亲的一笔一画仿佛充满了鲜活的力量，充实少年求知的心灵。当青年探索世界的时候，手中捧着母亲送给他的书籍，书中仿佛弥漫一股股沁人心脾的书香，带着青年遨游五湖四海。

艺术伴随着人们一生的成长，无论你遇到什么困难都能从中得到安慰和帮助，这就是艺术的力量，这就是艺术家们跨越国界、

跨越空间、跨越时间带给我们的最宝贵的财富。

虽然艺术家创造了艺术，但他们的人生并不是艺术化的。当然，除了某方面的才华外，他们还有着我们无法效仿、无法超越的人格魅力。但不可否认的是，在人们的心中，艺术就像是禾田里长出的稻苗，污泥中盛开的荷花，它们沐浴在明媚的阳光下。这是一种奇妙的精神感受，它是朦胧的、混沌的、清新的。在艺术家的世界中没有疆域的限制，他们终生都在用艺术引领着我们去爱这个美好的世界。

编者

2014年6月

目录

艺术之星

文学典范

目录

艺术之星

谁是歌曲之王

有一位伟大的作曲家，他的一生只有短短32年，创作生涯也只有十几年，但他却创作了600多首歌曲、18部歌剧、10部交响曲、19首弦乐四重奏、22首钢琴奏鸣曲、4首小提琴奏鸣曲。也正是因此，他被人们称为“歌曲之王”。你想知道他是谁吗？你想知道他的一生是怎样度过的吗？

名人科普馆

弗朗茨·泽拉菲库斯·彼得·舒伯特（1797年1月31日—1828年11月19日），奥地利作曲家，早期浪漫主义音乐的代表人物，也被认为是古典主义音乐的最后一位巨匠。

年少经历

舒伯特出生于维也纳，他的父亲是一位业余音乐家，小舒伯特很快就学会了父亲所有的音乐知识。所以他7岁跟随霍尔泽教堂的乐队长迈克尔·霍尔泽学

考考你： 你知道舒伯特作品中最廉价的是哪一个吗？

真相大白

有一次，没有钱还很饿的舒伯特走进饭店坐了下来。桌上的一首小诗吸引了他，他因此做出一首新曲，用新曲换了一份晚餐。没想到，这份手稿在多年之后竟拍出天价。

习时，霍尔泽发现自己根本教不了他，因为要教的内容小舒伯特早就学会了。

11岁的时候，舒伯特进入皇家教堂童声合唱团，开始接触莫扎特的序曲和交响曲。后来，由于舒伯特的音乐天赋，顶级作曲家安东尼奥·萨列里决定亲自教授他作曲和音乐理论。

高产的1815年

27岁，舒伯特就开始独立创作，写了他的第一部歌剧、第一部F大调弥撒曲、第一首交响曲和三部弦乐四重奏。

1815年，舒伯特在一年内共写了5首歌剧、4部奏鸣曲、2首交响曲、2首弥撒曲、1部弦乐四重奏，还有一些零散的钢琴曲，以及146首歌曲。他在10月15日一天就写了8首歌，10月19日又写了7首歌。

1816年，舒伯特为诗歌《魔王》谱曲成功，吸引了一位赞助商，资助他进行创作。

一天，舒伯特与朋友到郊外散步，走进一家小酒馆，见到桌上有一本莎士比亚的诗集，便拿起来朗读。忽然他问道：

朋友连忙将桌上的菜单翻过来划了五条线递给他。这时舒伯特仿佛听不到周围的喧闹，一口气写成了一首歌曲，朋友感叹：

1820年，舒伯特的创作风格走向成熟。1823年，舒伯特的歌曲集《美丽的磨坊女》和《冬季之旅》成为其巅峰之作。

锦上添花

舒伯特的另一个外号是“小蘑菇”。因为他只有1.57米，又是个小胖子。

考考你： 你知道舒伯特的“天鹅之歌”吗？

真相大白

据说，天鹅知道自己将死的时候，必定会高歌一曲，然后死去。因此作曲家的绝笔也被人们称为“天鹅之歌”。《小夜曲》便是舒伯特的天鹅之歌。

天妒英才

可惜天妒英才，在舒伯特创作最旺盛的时期，他的病情开始恶化。1828年11月19日，他在维也纳逝世，年仅32岁。

谁是钢琴诗人

世界上只有一个莫扎特，但是当上帝把莫扎特赐给奥地利时，却把肖邦赐给了波兰。

名人科普馆

弗雷德里克·弗朗索瓦·肖邦（1810年3月1日—1849年10月17日），波兰作曲家和钢琴家，他是历史上最具影响力和最受欢迎的钢琴作曲家之一，是波兰音乐史上最重要的人物之一，是欧洲19世纪浪漫主义音乐的代表人物，被人们称为“钢琴诗人”。

讨厌钢琴的“第二个莫扎特”

不过小时候的肖邦可从没想过自己会成为音乐大师，因为那个时候的他对钢琴一点儿兴趣都没有。

考考你： 你知道木塞与钢琴家肖邦的故事吗？

真相大白

肖邦小时候学琴很认真，可是他的手小，他就在每天晚上睡觉前，把手指头缝里塞上木塞子，使手指的间隔大一些。经过五年的艰苦练习，肖邦8岁那年，就开始登台演奏钢琴了。

为此，首先要感谢的就是肖邦的第一位老师，是他使肖邦喜欢上了钢琴，还能自己编出一些小作品来，肖邦也因此以“第二个莫扎特”而闻名华沙。

8岁时，肖邦第一次登台演出。演奏结束后，小肖邦跳下琴凳，有模有样地向观众鞠躬，可舞台下却十分平静。后来，台下突然爆发出热烈的掌声。原来，所有听众都还沉浸在他的钢琴声中没回过神来。

在家乡举办了几次音乐会后，肖邦就把目光投向了更广阔的世界。于是，他决定去外面的世界闯荡。当他离开的时候，他的老师和同学们拦住他的马车，并唱了一首为了向他致敬而写的大合唱，还送给他一个装满故乡泥土的银杯。

忠于钢琴的作曲家

肖邦是第一个终生献身于一种乐器的作曲家。因为他觉得自己只有用钢琴才能更好地表现音乐。或许这也是后来肖邦钟爱巴黎的原因之一吧!这在肖邦写给好友提达斯·沃伊奇乔夫斯基的信中也充分表现了出来。

亲爱的提达斯：

……我一切安好。

巴黎就是随心所欲。在这里你可以让你自己开心、无聊、大笑、大哭，做任何你想做的事，没有人会看你，每个人都自由自在。我不知道还有什么地方像巴黎一样，有这么多钢琴家……

肖邦

1831 年12月

1831年，刚到巴黎不久的肖邦就成为巴黎最受欢迎、最时尚的教师。他上课和别的老师不一样，而是像王子一样戴着白羊皮手套，由仆人陪伴，乘坐马车前往。

或许正是那一大杯故乡的泥土，才使肖邦时时不忘自己的祖国。他的许多作品也仿佛是经久盛开的花儿一般，从故土中生长出来。

肖邦的许多最伟大的作品都是用波兰的两种古代舞蹈玛祖卡舞和波罗乃兹舞的节奏写成的。波罗乃兹舞是一种贵族的舞蹈，这也是肖邦一些最宏伟的作品的基调。玛祖卡舞是波兰农民们跳的一种农村舞蹈，力图在朝气蓬勃的尽情欢乐中忘掉他们生活中的艰苦。肖邦用这些节奏表现出种种或悲伤或欢乐的情感。

锦上添花

玛祖卡舞现在已不仅仅是下里巴人的民间舞蹈，它已经融入到各大芭蕾舞剧，现在的玛祖卡舞是节奏鲜明、舞步豪迈潇洒、气质高贵典雅的舞台表演形式。

说到作曲，肖邦倒是有一个怪癖。肖邦作曲时，基本离不开钢琴键盘，他的即兴创作十分流畅。而许多已成之作，每每经他本人演奏一次就会升级为有所改动的新版本。

“不会起名”的肖邦

还有人给肖邦的作品加上标题，比如《狂欢节》(作品 9)、《幻想曲》(作品 12)、《童年情景》(作品 15)、《少年曲集》(作品 68)、《森林情景》(作品 82)等。但是肖邦对此毫不领情，甚至深恶痛绝，他的《G 小调夜曲》本来想注上“悲剧《哈姆雷特》观后感”字样，后来还是取消了。

考考你： 你知道肖邦逝去后遗体是否被带回祖国了？

真相大白

1849 年，肖邦在巴黎一病不起，生命快到尽头了。临终前，他对从华沙赶来探视的妹妹说：“波兰反动政府是不允许把我的遗体运回华沙的。我死后，至少把我的心脏带回祖国。”

如同诗人一样，肖邦把所有的感情融入到旋律中，让音乐本身去说话，不把主观臆想强加给听众——这就是肖邦对于音乐的信念。

为什么说李斯特是浪漫主义大师

名人科普馆

费朗茨·李斯特（1811年10月22日—1886年7月31日），匈牙利钢琴演奏家和作曲家，浪漫主义音乐的主要代表人物之一。

又一位天才音乐少年

李斯特的父亲是一位业余音乐家，李斯特5岁时，父亲就开始教他弹奏钢琴，8岁时李斯特就开始作曲，9岁时登台表演，是一位天才的音乐少年。后来，李斯特师从著名钢琴教育家卡尔·车尔尼，李斯特曾说：“我的一切都是车尔尼教我的”。

贝多芬听说这个小神童之后，还出席了他的第二次音乐会，为了鼓励他，还上台亲吻了这个12岁的小钢琴家。小李斯特高兴得一连三天都没洗脸！

考考你： 你知道李斯特是如何对待谎称是自己学生的女孩的吗？

真相大白

曾有一个女孩冒充李斯特的学生，结果遇到了李斯特。女孩讲述了自己的苦衷，李斯特听后不但没有惩罚她，还承认了她是自己的学生，并在她的演奏会结束前弹了一首曲子。

名震欧洲

1824年3月8日李斯特在巴黎首演，一举成名。第二年7月在英皇乔治四世面前的演奏使他名噪欧洲。他创作的一些钢琴曲和歌剧《城堡的爱情》，也逐步展现他的音乐才华。从李斯特开始，欧洲音乐家的地位开始迅速提升，国王王公们见到李斯特都会对他脱帽致敬。

锦上添花

钢琴之王李斯特其实是个“比赛型选手”，人越多他就越兴奋。他很善于带动听众的情绪。

李斯特巧荐肖邦

李斯特也偶尔喜欢偷个懒，比如让肖邦登台代替自己演出。那次演出时，当人们正沉浸在悠扬的乐曲声中，琴声戛然而止，灯光骤然亮起。人们吃惊地发现台上这个才华丝毫不逊于李斯特的年轻人竟然没人认识。经过李斯特的介绍，大家爆发出雷鸣般的掌声，一代“钢琴诗人”肖邦也因此名震欧洲，李斯特巧荐肖邦被传为一段佳话。

李斯特一生创作了700多首音乐作品，并创造出交响诗这一音乐形式。李斯特创造了数不清的钢琴技法，一心一意想让一架钢琴能跟一个管弦乐队抗衡。经常是当时著名的法国作曲家柏辽兹刚刚指挥完一首交响曲，李斯特就能够用钢琴把这个交响曲完整复现出来。

锦上添花

交响诗其实离你并不遥远，《匈牙利狂想曲》你也听到过！《猫和老鼠》中“汤姆猫弹钢琴”这一集使用了完整的匈牙利狂想曲作为全集的背景音乐。什么？你没看过？太out了吧！

考考你： 你知道李斯特的恋爱经历吗？

真相大白

李斯特恋爱经历中，最为引人注目的是他与卡罗琳公主的婚姻，因为在请柬发出后，他却接到教皇“不准结婚”的裁决。理由是婚礼太隆重，俄国亲属反感。

罗丹缘何被誉为雕塑界的摩西

罗丹是位杰出的浪漫主义雕刻大师，被称为“雕塑界的摩西”“近代的米开朗基罗”。

名人科普馆

奥古斯特·罗丹（1840年11月12日—1917年11月17日），全名弗朗索瓦-奥古斯特-雷诺·罗丹，法国雕塑家。1916年，当他把自己的全部作品移交国家时，共有56尊大理石像、193尊石膏像、56尊铜像、200幅草图和素描、100尊赤土塑像。

三次名落孙山的巨匠

罗丹出生在巴黎一个普通的平民家庭，童年的罗丹是个红发、矮胖、害羞而又近视的孩子。他最喜欢的事就是趴在地上画画。

5岁时，罗丹被送到一所教会学校。可是，所有课程都引不起他的兴趣，所以成绩一直很差。14岁时，罗丹报考了巴黎美术工艺学校学习美术。此时，罗丹遇到了他的启蒙老师荷拉斯·勒考克。

后来，由于买不起油画材料，罗丹转到了雕塑班的巴耶那里学习，并从此爱上了雕塑。三年后，罗丹决定投考巴黎美术学院，最终落选，第二年依然落选。第三年，一个老师在罗丹的名字旁边干脆写上：

在以后的几年里，为了维持生活，罗丹曾从事过多种手工技艺，直到一位修道院的院长发现了罗丹的艺术天分，鼓励他继续自己的雕塑生涯。

考考你： 你知道宗教人物“摩西”吗？

真相大白

摩西是公元前13世纪犹太人的领袖——基督教先知。他带领生活悲惨的犹太人逃出埃及，前往上帝暗示并应允他们的“流奶与蜜之地”——迦南。

“雕塑界的摩西”

1877年，罗丹的《青铜时代》在展览会上公开展览。可因为太像真人，大家怀疑这是残酷地用真人浇铸而成的。

面对着质疑和谩骂，罗丹向美术院提出抗议，美术院派了五名雕塑家组成的评审团来到罗丹的工作室。罗丹没有参照任何模特儿，当众雕塑《行走的人》。这场声势浩大的攻击在罗丹精确的解剖知识和卓越的雕塑技巧下羞愧退败了。罗丹也由此走向了成功之路。

疯狂的历史学家说

《青铜时代》创作于1876年到1877年间，真实地塑造了一个匀称而完美的青年男性人体。他的整个姿态和面部表情十分和谐，正在舒展的全身好像解脱了一切束缚，开始发出内在的力量，表现了人类从原始社会过渡到青铜时代，这一主题象征着“人类的觉醒”。

罗丹一生创作了大量作品。其中的《思想者》尤为著名。另外，他还有专著《艺术论》，这部著作在西方美术理论史上占有重要地位。

这座雕塑叫作《思想者》，是罗丹个人艺术生涯中里程碑式的作品。雕塑塑造了一个强有力的劳动男子，这个巨人弯着腰，屈着膝，右手托着下颌。他那深沉的目光以及拳头触及嘴唇的姿态，表现出一种极度痛苦的心情。他不但在全神贯注地思考，而且沉浸在苦恼之中。

罗丹是古典主义时期最后一位雕刻家，也是现代主义时期最初的一位雕刻家。作为欧洲两千多年来传统雕塑艺术前集大成者，罗丹的创作对欧洲近代雕塑的发展产生了深远的影响，为新时代开启了现代雕塑的大门。罗丹就如同《圣经》中记载的犹太民族领袖摩西一样，被人们尊为“雕塑界的摩西”。

考考你： 你知道“罗丹砍手”的故事吗？

真相大白

《巴尔扎克》的雕像完成后，罗丹叫来几位学生。学生感叹道：“这手太完美了！”罗丹听后砍掉了雕像的手，并说：“这双手有了生命，不再属于雕像，真正完美的艺术品是整体的完美。”

家庭作业

除了文中提到的雕塑作品，你知道罗丹还有哪些其他作品吗？请在下列选项中选出属于罗丹的作品（　　）

A 《伤鼻的男子》　　B 《圣约翰的说教》

C 《地狱之门》　　D 《加莱义民》

E 《雨果》

答案

ABCDE，这些都是罗丹的作品，你可不要落下哦。

为什么说达·芬奇是杰出的艺术家

你觉得每天的时间都过得很快吗？那我们该如何高效地利用时间呢？我来教你一个方法吧！

这就是神奇的“达·芬奇睡眠法”！这是由伟大的天才达·芬奇创造出来的！他每工作4个小时就睡15分钟，这样一天花在睡眠上的时间只有不到1.5个小时，而剩下的22.5个小时就全部可以用来工作。是不是让人难以置信。

可怕的健康警告

虽然几年前也有人试验过，但是对正处在成长期的你来说，这是绝对不可行的！睡眠不足，脑细胞就会处于混乱状态，精力得不到恢复，注意力难以集中，进而影响思维和记忆力，会降低学习效率。而且15分钟也很难进入深睡眠状态，睡眠质量无从保证。

名人科普馆

列奥纳多·达·芬奇（1452年4月15日—1519年5月2日），意大利文艺复兴时期多个领域的博学者，他是建筑师、解剖学者、艺术家、工程师、数学家、发明家，而且也是历史上最著名的画家之一。他与米开朗基罗、拉斐尔并称为“文艺复兴艺术三杰”。

锦上添花

“达·芬奇”并不是姓，而是表示在芬奇镇出生之意。达·芬奇的全名“列奥纳多·迪·瑟皮耶罗·达·芬奇”，意思是“芬奇城梅瑟·皮耶罗之子——列奥纳多”。人们将小行星3000命名为列奥纳多就是出于对他的尊敬。

感谢达·芬奇的父亲

达·芬奇出生在意大利芬奇镇附近的安基亚诺村，父亲是当地有名的公证人，家庭富有。达·芬奇从小就表现出天才的潜质了：在音乐方面，他歌唱得很好，很早就学会弹琵琶；在绘画方面，他被邻居们称为“绘画神童”！达·芬奇的父亲确信儿子有绘画天赋，便将14岁的达·芬奇送往佛罗伦萨，跟当时著名的艺术家费罗基俄学习造型艺术。

考考你： 你能说出达·芬奇画鸡蛋的故事吗？

真相大白

达·芬奇很小就师从大师费罗基俄，老师让他不停地画鸡蛋。后来，他问老师：“这样画有用吗？”老师说：“世界上没有两个完全一样的鸡蛋，这样能使你的观察力得到锻炼。”

一生中，达·芬奇创作了二十余幅知名作品，大部分是以宗教为背景或者是为教堂而作。最著名的是保存于法国巴黎卢浮宫的《蒙娜丽莎》和意大利米兰葛拉吉埃修道院的《最后的晚餐》。

考考你： 你知道“蒙娜丽莎的微笑”有什么奥秘吗？

真相大白

因为人的笑容主要表现在眼角和嘴角上，达·芬奇却偏把这些部位画得若隐若现，没有明确的界限，因此才会有这令人捉摸不透的“神秘的微笑”。

? 考考你：

我中风了？　　我害怕？　　我没有门牙？

500年来，人们一直对《蒙娜丽莎》神秘的微笑莫衷一是。不同的观者或在不同的时间去看，感受似乎都不同。

美国马里兰州的约瑟夫·鲍考夫斯基博士认为：

法国里昂的脑外科专家让·雅克·孔代特博士认为：

家庭作业：你知道《最后的晚餐》有什么密码需要人们去解答吗？

科学家达·芬奇

你不知道吧！达·芬奇还是一位科学家。在他留下的手稿中，约13 000页的笔记与绘画全是混合艺术与科学所组成的记录。

达·芬奇进行人体和动物的解剖，并亲自画出解剖图，他也是第一个具体描绘脊骨双S型态的人。通过对人体解剖的研究，达·芬奇还设计出史上第一个机器人，虽然只是图纸。

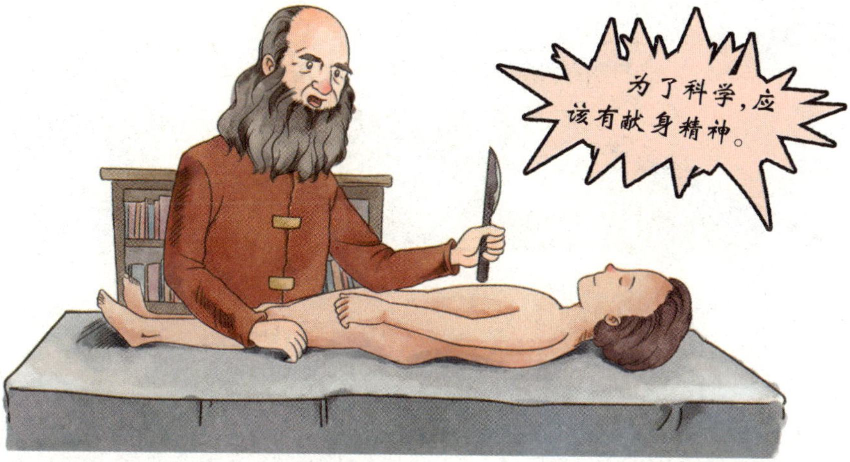

达·芬奇曾任军事工程师，笔记中也包含了数种军事机械的设计：机关枪、人力或以马拉动的武装坦克车、子母弹、军用降落伞、潜水艇、以猪皮制成含呼吸软管的潜水装等。

达·芬奇的生命是一条没有走完的道路。路上撒满了未完成作品的零星碎片，他在临终前痛心地说过：“我一生从未完成一项工作。”

考考你： 你知道达·芬奇小时候画画吓到人的故事吗？

真相大白

一天，达·芬奇瞒着父亲在一块盾牌上画了一条恐怖的龙，随后便请来了父亲。当父亲看到这个可怕的画面时，还以为怪物来了，马上大叫着跑了出去，后来才知道这只是一幅画。

为什么说米开朗基罗是意大利最伟大的雕塑家

还记不记得上篇说过的，以伟人的名字来命名的小行星？这一篇我们将提到伟大的艺术家米开朗基罗，他的名字也被用于命名小行星了，小行星3001就叫米开朗基罗星。

名人科普馆

米开朗基罗（1475年3月6日—1564年2月18日），全名米开朗基罗·迪·洛多维科，意大利雕塑家、建筑师、画家和诗人。他与达·芬奇、拉斐尔并称“文艺复兴艺术三杰”。

家道中落

米开朗基罗出生在卡布里斯，他们家族几代人都在佛罗伦萨经营银行，是当地的望族。但他的父亲并不是优秀的银行家，即使没有经历经济危机，父亲经营的银行也相继倒闭了。母亲病逝后，小米开朗基罗被寄养在一位石匠家里，而米开朗基罗的父亲在那里拥有一座大理石的露天采矿场和一座小农场。

名震罗马

13岁的小米开朗基罗进了佛罗伦萨著名画家多梅尼科·吉兰达伊奥的工作室，很多已经小有名气的画家们都对他非常羡慕。后来，他又进入佛罗伦萨统治者罗伦佐·美第奇开办的自由美术学校就读，在那里他学习了许多创作技巧并研究了宫廷收藏的大量艺术品。自身的天才加上浓重的艺术氛围，使他在短短四年中就拥有了成为一个伟大艺术家所必须具备的所有条件。

23岁的米开朗基罗受法国红衣主教委托，为圣彼得大教堂制作《哀悼基督》雕像。这件雕像让年轻的米开朗基罗名震罗马。

疯狂的艺术学家说

大卫是《圣经》中的少年英雄。米开朗基罗没有沿用前人表现大卫战胜敌人后的场景，而是选择了大卫迎接战斗时的状态。米开朗基罗选择人物产生激情之前的瞬间，使作品在艺术上显得更加具有感染力。

小人促成的又一巅峰

1505年，米开朗基罗应教皇朱理二世邀请赴罗马为教皇在圣彼得大教堂内建造陵墓，历经艰辛为陵墓留下名雕《摩西》和《奴隶》等雕像。

考考你： 你知道当拉斐尔遇见米开朗基罗时发生了什么事吗？

真相大白

拉斐尔在众人的簇拥下走进广场，在广场中他见到米开朗基罗。米开朗基罗对拉斐尔说：“你就像是一位众人拥戴的将军。”拉斐尔却说：“而你是一个把将军推向绞刑台的刽子手。”

但是米开朗基罗的成就，却令教皇的艺术总监勃拉曼特极为妒忌，他劝教皇说："西斯廷教堂已经破破烂烂的了，倒不如叫米开朗基罗那小子把教堂画得漂漂亮亮的！"教皇也觉得有道理，就命令可怜的米开朗基罗去画西斯廷教堂天顶壁画，可是还不派其他的工匠帮助他。

考考你：你知道米开朗基罗有什么名言吗？

真相大白

“素描是绘画、雕刻、建筑的最高点，素描是所有艺术门类的源泉和灵魂，是一切造型艺术的根本。”

——米开朗基罗

米开朗基罗就这样在脚手架上仰了四年半的头，在300平方米的天花板上，用自己发明的新方法“湿壁画技法”完成了世界上最大的壁画《创世纪》，壁画中描绘了343个不同的人物。

米开朗基罗一生虽然颠簸曲折，但他从未放弃追求艺术的完美，一直坚持自己的艺术思路。1564年，他在罗马去世，他的艺术风格甚至影响了随后三个世纪的艺术家。

为什么称莫扎特是音乐神童

音乐会预告

沃尔夫冈·阿玛多伊斯·莫扎特是能使全欧乃至全人类感到自豪的神童。8岁的少年使音乐家和有识之士惊叹不已。他的羽管键琴演奏、视奏能力及运用各种乐器的即兴表演和作曲能力，都使人叹为观止。这位天才儿童的父亲应伦敦绅士淑女的要求，决定延长在伦敦的滞留时间。因此，各位有了再次欣赏这位小作曲家和他姐姐演奏的机会。

这份报纸是1765年7月刊登在伦敦一份报纸上的，其中提到的音乐神童莫扎特，就是我们这一篇故事的主角。

名人科普馆

沃尔夫冈·阿马多伊斯·莫扎特（1756年1月27日—1791年12月5日），奥地利作曲家，欧洲最伟大的古典主义音乐作曲家之一。歌剧是莫扎特创作的主流，他与格鲁克、瓦格纳和威尔第并称为欧洲歌剧史上四大巨子。

掀起巨浪的孩子

3岁：演奏钢琴。

4岁：作曲。

5岁：能准确无误地辨明任何乐器上奏出的单音、双音、和弦的音名，甚至可以轻易地说出杯子、铃铛等器皿碰撞时所发出的音高。

考考你： 你知道为什么莫扎特不喜欢别人送他表吗？

真相大白

莫扎特的乐曲深受皇族喜爱，因此得到很多珍贵礼物。21 岁时，他已有5只表了。他说：“我真想多做几个表袋，把表全都装在身上，让他们看了，不再送表给我。”

6岁：开始在欧洲进行巡演。

7岁：精通小提琴。

12岁：作曲，指挥第一部歌剧，创作了八十多部乐曲，并已经举世闻名。

16岁：任大主教宫廷乐队首席乐师。

主教的糟糕奴仆

尽管莫扎特是旷世奇才，并享有极大的荣誉，但在大主教的眼中，他依然是一个普通的奴仆，并且是一个很糟糕的奴仆。

1781年6月，莫扎特与大主教公开决裂。他毅然辞职离去，成为欧洲历史上第一位公开摆脱宫廷束缚的音乐家。

父亲劝他向大主教赔礼道歉，重归于好，莫扎特却拒绝了。

响应上帝的召唤

失去了经济来源的莫扎特身体越来越糟，他经常向朋友们求援。当歌剧《魔笛》首场公演时，他已痼疾缠身。

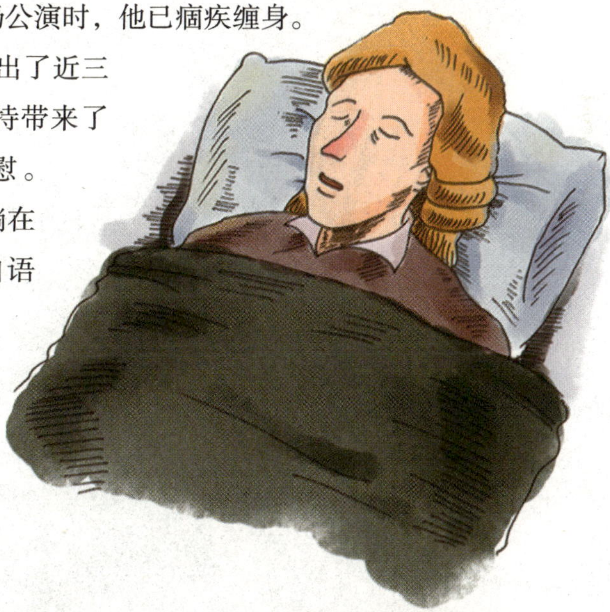

《魔笛》一年之内就演出了近三百场，巨大的成功为莫扎特带来了难以形容的、最后的欣慰。1791 年12月4日深夜，他躺在冷冷清清的病榻上，喃喃自语地想象着《魔笛》的演出场面。第二天，人们发现音乐天才莫扎特已经永远离开了人世。

考考你： 你知道莫扎特也逃过税吗？

真相大白

莫扎特在欧洲各地演奏归来时，行囊中满载珍贵物品。到了边界，爸爸让莫扎特用翼琴演奏，税吏因为音乐太美妙而被迷住了，居然忘记收税就让他们带着贵重物品过关了。

谁是交响乐之王

名人科普馆

路德维希·凡·贝多芬（1770年2月17日—1827年3月26日），德国作曲家、钢琴家、指挥家，维也纳古典乐派代表人物之一，他与海顿、莫扎特一起被后人称为“维也纳三杰”。他一生创作了9首编号交响曲、35首钢琴奏鸣曲、10部小提琴奏鸣曲、16首弦乐四重奏、1部歌剧、2部弥撒、1部清唱剧与3部康塔塔，另外还有大量室内乐、艺术歌曲与舞曲。

感谢贝多芬可恶的父亲

贝多芬出生于德国莱茵河畔波恩市的一个清贫家庭，爸爸和爷爷都是宫廷中的乐师。爷爷很喜欢小贝多芬，也发现了他的音乐天分。可惜好景不长，这位仁慈有才华的祖父没来得及指导他就与世长辞了。而爸爸整天喝酒，每天想的都是要让贝多芬成为“莫扎特第二”来给自己赚钱。可想而知，童年的贝多芬过得有多么悲惨。因此，贝多芬从小就特别孤僻。

考考你： 贝多芬是如何看待贵族的呢？

真相大白

有一次，几个贵族邀请到了贝多芬演奏。后来，贝多芬发现贵族们只是附庸风雅，并不在意他的演奏，于是贝多芬立即停止演奏，并留下一句“我没有兴趣对猪弹琴！”便走了。

灵感来了！
我只是为了更好地看风景。
这些作品真是我创作的？

崇尚自由

贝多芬8岁时在科隆举行演奏会，虽然获得不少掌声，但却不像莫扎特那样轰动。17岁时，他前往维也纳会见莫扎特和海顿。莫扎特认为他日后会成为一颗新星，还教了他一些作曲技巧。可海顿太忙了，根本没时间教他，贝多芬只好自己摸索。当时，音乐家还是很受贵族们欢迎的。但是贝多芬不愿做一个客厅里的宠儿，他宁愿在自己的住所，随意进进出出，不受穿着的拘束。

疯狂的音乐创造者

一天，贝多芬来到一家餐馆，点过菜后，他突然来了灵感，便顺手抄起餐桌上的菜谱，在菜谱的背面作起曲来。侍者看到贝多芬十分投入的样子，便不去打扰他，打算等一会儿再给他上菜。等到菜都凉了，侍者没办法，只好来到贝多芬身边说："先生，上菜吗?"贝多芬如同刚从梦中惊醒一般，立刻掏钱结账。

贝多芬作曲时总是不厌其烦地改动使其日臻完美。德国作曲家门德尔松保留过一份贝多芬的手稿，这份稿纸上，有一处竟贴上了12层小纸片。当门德尔松将这些小纸片一一揭开，发现最里面的那个音符竟然与最外面的那个音符完全一样。

在1796—1800年时，贝多芬的耳朵日夜鸣响，26岁时贝多芬的听力开始减弱，45岁时完全失聪。

1827年3月26日，贝多芬在维也纳辞世，下葬时所有的学校全部停课表示哀悼，两万人自发来护送他的灵柩，他的墓碑上铭刻着奥地利诗人格利尔巴采的题词：

看完才知道

路德维希·凡·贝多芬（1770—1827年）

当你站在他的灵柩跟前的时候，笼罩着你的并不是志颓气丧，而是一种崇高的感情；我们只有对他这样一个人才可以说：他完成了伟大的事业……

考考你： 你知道贝多芬是如何对待自己的“粉丝”的吗？

真相大白

贝多芬生活的时代，盛行一种收藏“名人贴身物品”的风气。曾有一位伯爵夫人向贝多芬索取一束头发做纪念，贝多芬竟包了一束山羊胡子将那位贵妇打发了。

谁是俄罗斯民族音乐与西欧古典音乐的集大成者

名人科普馆

彼得·伊里奇·柴可夫斯基（1840年5月7日—1893 年11月6日），俄罗斯作曲家、音乐教育家，被誉为伟大的俄罗斯音乐大师，他的音乐是俄罗斯文化在艺术领域内的最高成就之一。

由于柴可夫斯基的中文译名太长，很多人都叫他“老柴”。

老柴的音乐世界

在柴可夫斯基的音乐里，我们可以清晰地感受到民族文化的影响——他将俄罗斯的民族文化与西方交响乐传统成功地融合在一起。柴可夫斯基曾经说过：

至于我对音乐里俄罗斯元素的关注，是由于我常年生活在异国。在我年幼的时候，俄罗斯民族音乐无法描述的美丽就已经充满了我的生命。

相比浮华的、炫耀技巧的乐章，柴可夫斯基更愿意写他内心里的东西，所以在他所有的音乐中，甚至在那6部伟大的交响曲中也都充满了俄罗斯精神。

疯狂的艺术家说

柴可夫斯基的6部伟大的交响曲是经历多年创作才成型的，创作时间跨度达27年，几乎贯穿他的整个创作生涯，你知道是哪6部吗？

6部伟大的作品包括：

g小调第一交响曲《冬日浮想》

c小调第二交响曲《乌克兰》，又称《小俄罗斯》

D大调第三交响曲《波兰》

f小调第四交响曲

e小调第五交响曲

b小调第六交响曲《悲怆》

考考你：你听说过柴可夫斯基的爱情故事吗？

真相大白

一天，柴可夫斯基收到了一位28岁的姑娘安东尼娜的求爱信。当时，柴可夫斯基婉言拒绝了。但女孩表示：如果他不接受将以死明志。柴可夫斯基出于怜悯便同意了。

老柴的代表作

柴可夫斯基的传世之作——《悲怆交响曲》完成于他逝世前两个月，作品深刻地表现了他处于沙皇反动统治下的不满现实、向往正义，而又找不到出路的彷徨心情。

此外，柴可夫斯基还写过三部著名的芭蕾舞剧，即1876年的《天鹅湖》、1889年的《睡美人》和1892的《胡桃夹子》。

考考你：你知道“芭蕾皇冠上最璀璨的三颗钻石”指的是哪三部舞剧吗？

首先，你必须要知道答案！那当然就是柴可夫斯基的《天鹅湖》《睡美人》和《胡桃夹子》啦！

这三部舞剧音乐性格鲜明，既保留了传统芭蕾音乐的典雅、优美的风格，又有创造性和情节性。在这三部芭蕾音乐作品中，音乐对场景的描写极为完美，对戏剧矛盾的揭示以及对每个角色人物性格的内心刻画非常到位，因此被誉为“芭蕾皇冠上最璀璨的三颗钻石”。

柴可夫斯基的音乐总是发自内心深处，真挚、激越，感人肺腑，就如柴可夫斯基的资助者、知音——梅克夫人在给老柴的一封信中写的那样：

在你的音乐里，人们能够感受到至善至美，和他们最深切的愿望，还能获得现实生活不能提供的幸福。

锦上添花

你知道“知音”一词的由来吗？

俞伯牙与钟子期是一对千古传诵的至交典范。俞伯牙善于演奏，钟子期善于欣赏。这就是“知音”一词的由来。后钟子期因病亡故，俞伯牙悲痛万分，认为知音已死，天下再不会有人像钟子期一样能体会他演奏的意境。所以，他便终生不再弹琴了。

这段故事用在这里比喻柴可夫斯基和梅克夫人，你不觉得也是十分恰当的吗？

考考你：柴可夫斯基有着怎样伟大而痛苦的精神恋爱？

真相大白

柴科夫斯基与梅克夫人相识13年。在刻骨铭心的思念与煎熬中，他们坚守着永不见面的约定，因为害怕受到物质的、世俗的影响而破坏神圣的、纯洁的恋情和朦胧的美感。

成就与评价

柴可夫斯基晚年是其创作的鼎盛时期。在1888—1889年，柴可夫斯基先后到德国、捷克、法国和英国访问，并与勃拉姆斯、格里格、德沃夏克、古诺、马斯涅等人结下了深厚的友谊。1893年6月，英国剑桥大学授予柴可夫斯基名誉博士学位。在这一时期，柴可夫斯基作品颇丰，除《叶甫根尼·奥涅金》和《第四交响曲》外，还创作了《第五交响曲》《曼弗里德交响曲》，歌剧《黑桃皇后》《约兰塔》，舞剧《睡美人》《胡桃夹子》，以及《暴风雨》《意大利随想曲》《一八一二年序曲》《D大调小提琴协奏曲》大提琴《洛可可主题变奏曲》。此外，还有各种器乐重奏、钢琴独奏、声乐浪漫曲等音乐作品，其创作形式几乎涉猎所有体裁。1893年夏季，柴可夫斯基创作出《第六交响曲》，同年10月16日还在彼得堡亲自指挥第一次演出。不幸的是，柴可夫斯基因感染霍乱病于10月25 日与世长辞。《第六交响曲》也成了他的绝笔之作。

总的来说，柴可夫斯基是当时总结欧洲音乐发展的一位伟大作家，他建立了自己宏大的交响音乐体系，以其特有的俄罗斯风格概括了贝多芬之后交响音乐的许多发展，是俄罗斯民族音乐与西方古典音乐的集大成者。

文学典范

为什么说但丁是意大利文艺复兴的先驱

但丁为什么会获得恩格斯如此的评价呢？

名人科普馆

阿利盖利·但丁，1265—1321年，国籍：意大利。

但丁出身于佛罗伦萨的贵族世家，曾担任过佛罗伦萨最高行政长官。不幸的是，当时的意大利存在着多种矛盾，但丁便成了多种矛盾的牺牲品，最终被流放了。

伟大的《神曲》

《神曲》共分为三部分——地狱、炼狱、天堂。35岁的但丁误入一座黑暗的森林，在山脚下他碰见了三只野兽。这时，但丁的精神领袖——维吉尔出现了，他带着但丁历经地狱、炼狱、天堂……

通往天堂的第一步

但丁需要：

1.在山脚下迷路，并大声呼救；

2.一个领路人——维吉尔；

3.一个上宽下窄的漏斗形的地狱。

通往天堂的第二步

但丁需要：

1.一个领路人——维吉尔；

2.一双旅游鞋——阶梯越来越陡峭，一双好的旅游鞋可以事半功倍；

3.一个好身体——长途跋涉，没有一点粮食，而且可能出现高原反应，这都需要一个好的身体。

考考你： 你知道但丁遇到难题是如何回答的吗？

真相大白

曾经有人问但丁世界上最好吃的东西是什么，但丁说是鸡蛋，那人又问应该怎么烹调，但丁说：“加点盐。”

通往天堂的第三步

但丁需要：

1.一个领路人——贝阿特丽切；

2.一个好的幻灯机——便于观看人间种种腐败的实事记录；

3.一杯孟婆汤——以遗忘过去的过失，获取新生。

但丁通过隐喻、象征，用文字表达出对现实的厌恶，对当时那个万恶的世界的憎恨，通过隐喻以及与各种人物的对话反映现实，引导意大利人们走向光明，鼓励人们去创造光明，但丁在《神曲》中表达了对自由的向往，对思想的解放，他是引领了一个时代的人。

考考你：你能说出两条但丁的名言吗？

真相大白

人家的窃窃私语与你何干？走自己的路，让别人去说吧！

要像一座卓立的塔，不因为暴风而倾斜。

锦上添花

其实，但丁除了《神曲》还有很多其他的作品，如爱情诗歌《新生》、哲学诗歌《宴会》、抒情诗《诗句集》、拉丁文文章《俗语论》、政论文《王国论》、拉丁文诗歌《牧歌》等。

谁是欧洲启蒙运动后期最伟大的作家

哲学家谢林说：“歌德活着的时候，德国就不是孤苦伶仃的，不是一贫如洗的，尽管它虚弱、破碎，但它精神上依然是伟大的、富有的和坚强的。”这样一位对德国而言意义非凡的作家，他的一生又是怎么样的呢？

名人科普馆

约翰·沃尔夫冈·冯·歌德（1749年8月28日—1832年3月22日），德国戏剧家、诗人、自然科学家、文艺理论家，古典主义最著名的代表，世界文学领域最出类拔萃的人物之一。

优雅的德国贵族

歌德出生在德国，家境富裕，从小就受文学熏陶，是个典型的文艺青年。他的兴趣也是多方面的：除了爱写诗歌和小说，还很喜欢科学，在解剖学和植物学方面也有一定的成就。

1774年，歌德的浪漫小说、书信体小说《少年维特之烦恼》问世，书中描写了一个反对封建习俗、憎恶官僚贵族、在爱情上遭遇封建势力摧残打击的少年维特愤而自杀的故事。这篇小说反映了一代青年反对封建礼制束缚的心声，受到大家的喜爱，轰动了整个文坛，他也因此闻名欧洲文学界。

考考你： 你知道歌德与贝多芬面对国王的仪仗队时有什么不同表现吗？

真相大白

有一次，歌德和贝多芬在路上并肩行走。突然，对面来了国王的仪仗。贝多芬昂首挺胸，从国王的仪仗队面前挺身而过。歌德退到路旁，摘下帽子，在仪仗队面前恭敬行礼。

哲学诗剧——《浮士德》

歌德晚年过着隐居生活，孜孜不倦地进行创作。在生命最后的几年里，他终于完成历时数十年之久的两部名著：《浮士德》和《威廉·迈斯特》。《浮士德》是歌德最著名的作品，是一部颇富哲学意味的戏剧，描写一个屡遭挫折，

疯狂的历史学家说

《浮士德》与《荷马史诗》、但丁的《神曲》和莎士比亚的《哈姆雷特》并列为欧洲文学的四大古典名著。

把东西交出来！

但仍然坚信正义和善良的人的故事。《浮士德》分为上、下两部，从构思到完成，前后共经历60年，几乎贯穿了歌德的整个创作生涯。歌德也因此书奠定了他在世界文学史上的崇高地位。

《浮士德》体现了资产阶级上升时期追求真理、自强不息的精神，也是德意志民族优秀传统的反映。

你一定不知道

魏玛公园里，歌德正在一条狭窄得仅容一人通过的小径上散步，迎面走来了一个曾经把他所有作品都贬得一钱不值的批评家。两人都站住了。两人间发生了一段对话，批评家最后哑然无声地走了。

考考你：你想知道歌德与批评家间说了什么吗？

真相大白

德国诗人歌德在公园里散步，与一位批评家在一条仅能让一个人通过的小路上相遇，批评家说："我从来不给蠢货让路。"歌德笑着退到路边说："我恰恰相反。"

成绩斐然

歌德的一生经历了德国文学史上的狂飙突进运动、古典主义和浪漫主义三个阶段，是德国历史上少有的长寿作家。除了不朽的文学作品外，歌德在美学、哲学、历史以及地理学、生物学、物理学和天文学等方面，都有重要研究成果面世。他通过解剖，发现了人的颚间骨；他向牛顿的机械观提出了挑战，撰写了《颜色学》；他提出的生物进化学说也比达尔文早了近百年呢！

这位文学伟人在完成他的巨著《浮士德》的第二部后，于1832年3月22日与世长辞。

是谁给我们的童年编写了童话

名人科普馆

汉斯·克里斯蒂安·安徒生（1805年4月2日—1875年8月4日），丹麦作家、诗人，因为他创作的童话故事而闻名于世。

感谢封闭的小镇

安徒生出生在丹麦的欧登塞，家境贫寒。但是在父母自由教育的环境下，小安徒生的想象力非常丰富，甚至还当起了小导演，在家中搭起了玩具剧场。为了更好地给自己的玩具们排戏，他到处借阅戏剧剧本，包括莎士比亚的作品，甚至记下了莎士比亚的所有剧本。

欧登塞是个封闭的小镇，这里的人们坚信上帝和女巫的存在，许多神秘的传说在民间流传不息。纺纱室的婆婆们有时会把《一千零一夜》中的离奇故事讲给来玩耍的小安徒生听，小安徒生每次都很着迷。

讲给孩子们听的故事

安徒生的创作开始于1822年。最开始他写过诗歌和剧本，大学期间曾发表游记和歌舞喜剧。1833年出版的长篇小说《即兴诗人》为他赢得国际声誉，是其成人文学的代表作。1835年，安徒生决定给孩子写童话，出版了《讲给孩子们听的故事》。

疯狂的文学家说

安徒生的第一部童话集仅仅包含四篇童话：《打火匣》、《小克劳斯和大克劳斯》、《豌豆上的公主》和《小意达的花儿》，很多孩子都觉得看得不过瘾。

此后数年，每年圣诞节安徒生都会出版一本这样的童话集，对孩子们而言，他简直就是变身后的圣诞老人。1844年，安徒生写出自传性作品《丑小鸭》。1846年，他又创作了《卖火柴的小女孩》。

喷涌的童话故事

安徒生一生共写了168篇童话，他不是在编故事，而是故事纷纷涌进他的脑海，流向他的笔尖。一次，安徒生正在散步，突然一个故事跃入脑海，可是路旁只有一个不太干净的旅馆，于是他毫不犹豫地走了进去。刚进房间，安徒生就急急忙忙拿出纸笔，可墨水瓶里只剩下一点儿墨水了。没写几行，就用完了。

考考你： 你知道安徒生也是追星族吗？

真相大白

安徒生曾向法国作家雨果索要签名。可雨果对这位丹麦青年心存怀疑，担心其日后可能在签名上方写一个债务承担书。为防万一，他将维克多·雨果几个字签到一张纸上方的角落里。

安徒生灵机一动，往墨水瓶里加了点水，又写一会儿，再加点水，又写一会儿……写出来的字一行比一行颜色浅，最后终于写不出来了。可是那篇童话还没有写完。安徒生望着空墨水瓶，无可奈何地笑了一下。这时他突然受到空墨水瓶的启发，决定了要写的下一篇童话《留在干涸了的墨水瓶底的故事》。

锦上添花

国际上有一个以安徒生的名字命名的奖项，是由国际少年儿童读物联盟于1956年设立，每两年一次，以奖励世界范围内优秀的儿童图书作家。从1965年起，也授予优秀的插图画家。到目前为止有26位作家和20位插图画家获奖。这个奖项由丹麦的女王玛格丽特二世赞助，旨在鼓励作家创作优秀的儿童文学，为我们延续美丽的童年梦想。

安徒生一生都在创作，直到 1872 年罹患肝癌才逐渐停止了写作。1875 年 8 月 4 日上午 11 时，终生未婚的安徒生逝世于朋友的乡间别墅。

考考你： 你知道安徒生雕像设计的故事吗？

真相大白

当安徒生第一次看到自己的铜像的设计图时，大发雷霆，怒责雕像家说："没有人看到过有小孩子爬到我的背上或是坐到膝盖上。"雕像家听后，立刻将设计图上围绕着他的小孩儿擦掉了。

家庭作业

安徒生一生作品丰富，你知道下面的几个故事中哪些是他的作品吗？（　　）

A　《小锡兵》
B　《冰雪女王》
C　《拇指姑娘》
D　《卖火柴的小女孩》
E　《丑小鸭》
F　《红鞋》

答案

ABCDEF，当然全部都是了，我可是都读过呢！你都读过了吗?没有就赶快去读吧！

为什么说拜伦是欧洲文学的旗帜

19世纪上半叶，英国出现了一位伟大的浪漫主义诗人，由于他的卓越的诗歌创作有力地支持了法国大革命后席卷全欧的民主民族革命运动，被誉为欧洲文学界的一面光辉旗帜。

名人科普馆

乔治·戈登·拜伦（1788—1824年），第六代拜伦男爵，英国诗人、革命家，独领风骚的浪漫主义文学泰斗，世袭男爵，人称“拜伦勋爵”。

竖起旗帜

两种浪漫的对立

1807年，拜伦出版了诗集《懒散的时刻》，这是他的处女作。拜伦通过诗歌表达对现实生活的不满，以及对贵族生活的厌倦和鄙视，因此受到消极浪漫主义刊物的攻击和奚落。1809年，面对接踵而至的攻击和谩骂，拜伦忍不住了，写出长诗《英国诗人和苏格兰评论家》进行回击，没想到却揭开了积极浪漫主义对抗消极浪漫主义的序幕，也使得拜伦在英国诗歌文坛中初露锋芒。

考考你： 你知道拜伦保持身材的秘诀吗？

真相大白

在拜伦短暂的一生中，他竭尽全力地与肥胖作斗争。拜伦每天只吃一小块蘸了醋的土豆或一小勺米饭，如果想换一换口味，那就吃两块饼干，喝上一杯苏打水，并且他从不吃肉。

《织机破坏法案》引起的愤怒

1809年3月，拜伦凭借世袭贵族的身份进入了贵族院，他出席议院和发言的次数不多，但却字字犀利。1812年2月，上议院通过了《织机破坏法案》——毁坏机器的工人必须判处死刑。

《织机破坏法案》

对于任何被控“破坏机器”的人判处死刑，这些人包括蓄意破坏机械织机和织物整理机，以及其他造成工作岗位减少的新型器械的人。

拜伦为此在议会上为工人们的权益而辩护，但无济于事。愤怒的拜伦回到家中，发表了讽刺诗《反对破坏机器法案》。

考考你： 你知道拜伦经历了什么样的减肥过程吗？

真相大白

为了去掉身上多余的脂肪，拜伦长期练习击剑、拳击、骑马和游泳。他在进行英国当时最流行的板球运动时，身上穿7件内衣，目的是为了用7件内衣捂汗来减肥。

拜伦式英雄的诞生

1812年，拜伦发表了长诗《恰尔德·哈罗尔德游记》第一、二章，立刻轰动文坛。之后，拜伦创造出文学史上“拜伦式英雄”的佳话。虽然拜伦在文学界声誉满满，但是由于他的思想和英国政坛的思想截然相反，使得他被政客和上流社会排斥和谩骂。

疯狂的文学家说

“拜伦式英雄”不是现实中的英雄，而是指19世纪英国浪漫主义诗人拜伦作品《东方叙事诗》中的一类人物形象。他们高傲倔强，既不满现实，奋起反抗，又具有叛逆的性格；但同时又显得忧郁、孤独、悲观，脱离群众，我行我素，始终找不到正确的出路。

1813—1816年，拜伦陆续发表了《异教徒》《阿比道斯的新娘》《温莎的诗艺》《海盗》《莱拉》《柯林斯的围攻》《巴里西纳》和《路德分子歌》，这些诗歌总称为《东方叙事诗》。

考考你： 你能说出一句拜伦的名言吗？

真相大白

一首伟大的诗篇像一座喷泉一样，总是喷出智慧和欢愉的水花。

流放的日子

1816年，对英国彻底失望的拜伦被迫来到比利时。这一时期，他完成了《普罗米修斯》《锡雍的囚徒》和《恰尔德·哈罗尔德游记》第三章。

1816年下半年，拜伦又来到意大利，他投入到地方组织的革命中。同时创作了《恰尔德·哈罗尔德游记》第四章、《马力诺·法里埃罗》《该隐》《审判的幻景》《青铜世纪》和《唐璜》，这一时期他的创作达到了高峰。

谁是英国最伟大的剧作家

To be or not to be. That is a question.

“生存还是毁灭，这是个问题。”这句话出自英国著名戏剧《哈姆雷特》。而它的作者就是莎士比亚。

锦上添花

莎士比亚有四大悲剧，也有四大喜剧，你知道喜剧是哪四部吗？

家庭作业：你能说出这四大喜都有哪些吗？

答案

《仲夏夜之梦》《皆大欢喜》《第十二夜》和《威尼斯商人》

考考你： 你知道莎士比亚的墓志铭是怎么写的吗？

真相大白

莎士比亚的墓在他家乡的一座小教堂旁，他的墓碑上刻着这样的一段话：看在上帝的面子上，请不要动我的坟墓，妄动者将遭到诅咒，保护者将受到祝福。

名人科普馆

1564 年 4 月 23 日他出生了，默默无闻。1616 年 4 月 23 日他去世了，举世闻名。在整整 52 年的时间里，他为世人留下了 37 个剧本 154 首十四行诗和两部叙事长诗。他的戏剧被翻译成所有主要使用着的语言，至今还在世界各地演出，并且表演次数远远超过其他任何戏剧家的作品。他就是英国文艺复兴时期最杰出的艺术大师莎士比亚。

四大悲剧

《哈姆雷特》

《哈姆雷特》讲述的是丹麦王子哈姆雷特为父报仇的故事，是莎士比亚最负盛名和被人引用最多的剧本之一，莎士比亚在这部剧中扮演了哈姆雷特的父亲——尽管只是幽灵。

《奥赛罗》

这部戏剧描写的是奥赛罗和苔丝狄梦娜的爱情悲剧。黑人奥赛罗是威尼斯公国的一员勇将，他与元老的女儿苔丝狄梦娜真诚相爱。突破重重阻碍结婚后，却被人陷害，导致奥赛罗误杀了苔丝狄梦娜。当奥赛罗得知真相后，悔恨之余拔剑自刎，倒在了苔丝狄梦娜身边。

《麦克白》

这是一部映射历史的戏剧。麦克白是苏格兰国王邓肯的表弟，他弑王篡位，为了巩固王位残暴地屠杀人民，全国血流成河。最终众叛亲离，死在邓肯儿子复仇的刀下。

考考你：你能说出几句莎士比亚的经典台词吗？

真相大白

黑暗无论怎样悠长，白昼总会到来。人们可以支配自己的命运，若我们受制于人，那错不在命运，而在我们自己。

《李尔王》

年事已高的李尔王打算把国土分给三个女儿，但口蜜腹剑的大女儿和二女儿欺骗了李尔王，还把小妹妹考狄利娅赶了出去。前来求婚的法兰西国王慧眼识人，娶考狄利娅为皇后。李尔王离位后，大女儿和二女儿竟然把他赶到了荒郊野外……后来，考狄利娅率军攻入王宫，父女团圆。但战事不利，考狄利娅被杀死，李尔王最终守着心爱的小女儿的尸体悲痛地死去。

疯狂的文学家说

我们有理由相信，莎士比亚是在为维罗纳这座小城做广告，维罗纳因此而世界知名，小城里的朱丽叶故居、罗密欧故居以及朱丽叶之墓，参观的人至今都络绎不绝。

考考你： 你能说出莎士比亚的一件轶事吗？

真相大白

莎士比亚 1564 年生于英格兰斯特拉福镇。他虽受过良好的教育，但从未上过大学。莎士比亚 18 岁时与一个 26 岁的女子结婚，他不满 21 岁时就已有了三个孩子。

十四行诗

Shall I compare thee to a summer's day?
Thou art more lovely and more temperate:
Rough winds do shake the darling buds of May,
And summer's lease hath all too short a date:
Sometime too hot the eye of heaven shines,
And often is his gold complexion dimm'd;
And every fair from fair sometime declines,
By chance or nature's changing course untrimm'd
But thy eternal summer shall not fade
Nor lose possession of that fair thou owest;
Nor shall Death brag thou wander'st in his shade,
When in eternal lines to time thou growest:
So long as men can breathe or eyes can see,
So long lives this and this gives life to thee.

让我如何来把你比作夏天？
你比夏天还要可爱，而且柔软：
暴风的五月摧残了鲜嫩的蓓蕾，
夏天那无情的赁期，又实在是太短：
有时候太阳的照耀又会太烈，
而且那辉煌的面孔也难免乌云的遮掩；
每一种美丽，都会有衰谢的一天，
或者由于无常，或者因为自然。
可是你的夏天却不会凋谢，
你的美丽，也永远不会消散；
虽然骄傲的死亡可以在夏天投下阴影，
但是不朽的诗行将照亮你的鲜妍。
只要有一个人还在呼吸，还能阅读，
这首诗就活着，让你的青春生动依然。

1616年，莎士比亚由于疾病离开了人世，安葬于他家乡的一座小教堂旁。至今，每年都有数以千万计的人朝圣一般地去瞻仰莎士比亚的墓地。

谁是俄罗斯文学的太阳

名人科普馆

亚历山大·谢尔盖耶维奇·普希金（1799 年 6 月 6 日—1837 年 2 月 10 日），俄国著名的文学家、伟大的诗人、小说家，俄国现代文学的创始人。

莫斯科的天生贵族

普希金出生在莫斯科一个贵族家庭。父亲有许多藏书，俄罗斯当时的很多文学

名流都是他们家的座上宾。他从小就是个书虫，经常通宵达旦地躲在父亲的书房里看书。8 岁时，普希金就阅读了许多世界文学名著，并开始用法语写诗了。

1811 年，普希金进入在当时俄国最有名的中学——皇村中学读书，毕业后进入外交部服务。这时期他写出了大量歌颂自由、反对专制暴政的政治抒情诗，如《自由颂》《致恰达耶夫》等。在这些诗里，普希金把批判矛头直接指向沙皇，公开号召民众为推翻专制暴政而斗争。沙皇怎么可能容忍宣传这样的反动思想的人呢，就把普希金流放到西伯利亚。

不“贵族”的贵族

1824 年，普希金和敖得萨总督沃隆佐夫发生冲突，沙皇觉得自己管不了这个不听话的家伙，就把他送到其父亲的领地幽禁起来。在两年的幽禁生活中，普希金经常穿着农民的服装，去集市上和他们

聊天，听流浪艺人吟唱歌曲，搜集民歌、谚语、格言，来丰富自己的写作素材和语言。

后来他又开始研究俄国的历史，写成了历史悲剧《鲍里斯·戈东诺夫》，展现出人民和专制沙皇之间的冲突，指出人心的向背是改朝换代的决定性力量。

1826年秋天，十二月党人起义失败后，新上台的沙皇尼古拉一世觉得普希金是个可用之才，就把他召回了莫斯科，想扭转他的笔锋为自己服务。可是普希金不吃这一套，照旧写政治抒情诗和政治讽刺诗谴责沙皇。

一个时代的苦闷

普希金的代表作是诗体小说《叶甫盖尼·奥涅金》，整整写了 8 年。这部作品塑造了俄国文学史上第一个“多余人”叶甫盖尼·奥涅金的形象，表现了当时俄国进步贵族青年思想上的苦闷。

考考你： 为什么说普希金是天生的诗人呢？

真相大白

普希金小时候数学学得很差，他在做数学题时，经常连看也不看就在等号后面写上“0”。他的数学老师对他一点办法也没有，只好说：“去写你的诗吧，可能数学对你来说就是零。”

疯狂的历史学家说

“多余人”是19世纪俄国文学中所描绘的贵族知识分子的一种典型。他们的特点是出身贵族，生活优越，教养良好。他们虽有高尚的理想，却远离人民；虽不满现实，却缺少行动。他们是“思想上的巨人，行动上的矮子”。

家庭作业

《渔夫和金鱼的故事》这样一篇有名的童话诗，聪明而博学的你肯定读过的！那你知道这是普希金用谁的童话改编的吗？

A 安徒生　　B 格林兄弟　　C 王尔德

答案

B

记得去找找格林兄弟的原文哦！

考考你： 你知道普希金面对讥讽是如何反击的吗？

真相大白

普希金个子很小。有一次，他邀请一个贵族小姐跳舞，可是这个小姐却瞧不起他，对他说："对不起，我不和小孩跳舞。"普希金笑着说："哦……非常抱歉，我不知道你怀孕了。"

普希金另一个重要作品是历史小说《上尉的女儿》，作品塑造了一个自信、乐观、和蔼可亲、酷爱自由、深受人民拥戴的农民起义领袖普加乔夫，再次谴责了沙皇的专制和残暴。

可沙皇是个记仇的家伙，他决不能容忍有普希金这样既有才华又有煽动性的人存在，来动摇自己的统治。

“太阳”的陨落

1837年2月8日，普希金和流亡到俄国的法国保王党人丹特斯决斗，结果被打成重伤，两天后去世，年仅38岁。

为什么说海涅是杰出的抒情诗人

名人科普馆

克里斯蒂安·约翰·海因里希·海涅（1797 年 12 月 13 日—1856 年 2 月 17 日），出生时名为哈利·海涅，是 19 世纪最重要的德国诗人和新闻工作者之一。

早期的海涅诗歌

海涅出生在德国，童年和少年回忆几乎全和战争有关。那时候，拿破仑的军队曾开进莱茵河流域，改革了德国的封建制度，所以法国资产阶级革命的思想如同种子一样，从小就播撒在海涅的心里。

1812 年，海涅就开始写诗了。他酷爱民歌民谣，大学期间还结识了很多浪漫派作家，所以他的早期诗作既有浪漫主义情调，又有民歌的曲调和韵味，清新飘逸，纯净质朴。

“商船”与“战舰”

19 世纪 20 年代后期，海涅的创作风格发生很大转变，从对爱情的苦恼变为对社会丑恶现象的辛辣讽刺。在海涅看来，他的抒情诗只是无害的“商船”，而这些作品是为他的抒情诗护航的“战舰”，充满了金鼓杀伐之声。

问答

一位旅行家向诗人海涅讲述他所发现的一个小岛，突然说道：“你猜猜看，小岛上有什么现象最使我惊奇?”海涅摇摇头表示不知道。旅行家神秘一笑：“小岛上没有犹太人和驴子!”

如果是你，别人这样侮辱你的民族你会怎么回答?

机智海涅却作出了完美的回答。

考考你： 你知道海涅是如何回答的吗？

真相大白

一个旅行家向海涅讲述了一个小岛上的情况：“在那个小岛上竟然没有犹太人和驴子！”作为犹太人，海涅立即对旅行家说：“我和你到小岛上走一趟，就可以弥补这个缺憾了。”

1831 年 5 月，海涅以奥格斯堡《总汇报》记者的身份前往巴黎，从此长住法国。19 世纪 30 年代，海涅主要从事政论写作。1836 年发表《论浪漫派》，深刻剖析了德国浪漫派的实质，对于浪漫派作家逃避现实、一味沉溺于中古的消极情调做了激烈的批判。1834 年发表《论德国宗教和哲学的历史》，对德国的古典哲学特别是黑格尔的辩证法做了中肯的评价。

1841 年，海涅开始创作讽刺长诗《阿塔·特洛尔》。阿塔·特洛尔是一头熊，在一个马戏班里学会了跳舞，后来逃脱了锁链回到山中，并开始按照“众生平等”的原则改造动物世界。

人类不过是用异族的毛皮遮掩蛇似的裸体的畸形的族类，根本不配统治动物世界。我们的基本法律应当是：一切造物完全平等，我们不分什么信仰，不分毛皮，不分气味。严格地平等！

锦上添花

纪念海涅

为了纪念海涅，1972年，德国杜塞尔多夫市创办了海涅文学奖。颁奖典礼于12月13日海涅生日当天于诗人的故乡杜塞尔多夫市举行，奖金为5万欧元。至今已有20位作家获此殊荣。

1844年，海涅发表《新诗集》，收入1830—1844年的诗集，抒写爱情的欢乐和痛苦，表达对祖国和亲人的怀念，其中也包括政治抒情诗《西里西亚织工》。在这部诗集的最后一部分就是长诗《德国，一个冬天的童话》。

考考你： 你知道海涅最终埋葬在哪里吗？

真相大白

海涅一生颠沛流离，最后还是客死他乡，他生前十分热爱法国和巴黎，甚于超过自己的祖国——德国。在海涅死后，人们根据他的遗愿将其安葬在法国巴黎著名的蒙马特公墓。

并不浪漫的晚年

1845 年，海涅的健康状况恶化，后又双目失明，但仍坚持创作，口授了诗歌《罗曼采罗》，后来又完成了诗集《1853—1854 年诗集》。1856 年，海涅病逝，遗作编为《落穗集》。

谁是印度的“诗圣”

名人科普馆

罗宾德拉纳特·泰戈尔（1861 年 5 月 7 日—1941 年 8 月 7 日），印度诗人、哲学家和反现代民族主义者，1913 年获得诺贝尔文学奖，是第一位获得诺贝尔文学奖的亚洲人。

印度“诗圣”

泰戈尔出生于印度的加尔各答，自幼接受良好的家庭教育。他 8 岁的时候开始写诗，12 岁开始写剧本。1878 年，赴英留学归来的泰戈尔发表了《新月集》，这本诗集后来也成为印度大、中、小学必选的文学教材。这一期间，他还撰写了许多抨击英国殖民统治的政论文章。

锦上添花

泰戈尔对于印度不仅仅是一位诗人，甚至印度和孟加拉国的国歌使用的都是泰戈尔的诗。印度国歌叫作《人民的意志》，取自《吉檀迦利》。

泰戈尔一生共写了 50 多部诗集、12 部中长篇小说、100 多篇短篇小说、20 多部剧本，以及大量文学、哲学、政治论著。凭诗集《吉檀迦利》，泰戈尔还获得了 1913 年的诺贝尔文学奖。

考考你： 你知道泰戈尔的中文名是什么吗？

真相大白

梁启超在泰戈尔 64 岁生日的时候，曾经送给他一个中国名字“竺震旦”。“天竺”是中国人对古印度的称呼，“震旦”是古印度对中国的称呼。

你是不是觉得现在的学校束缚了你的个性，压抑着你的想象力？嗯，没错，小时候的泰戈尔也有着和你一样的想法。那你会怎么做呢？

A 自暴自弃不再学习

B 努力学习，自己办一所学校

C 就这么着吧，反正大家都这样

你知道泰戈尔选的什么吗？继续看下去吧！

考考你： 你能说说泰戈尔是怎样排解忧伤的吗？

真相大白

泰戈尔在忧伤的时候会做三件事：一是写诗；二是演奏乐曲或唱歌；三是走出门去和人交谈，和他们说说话，讲一讲有趣的事情。回家时，泰戈尔便忘记了心中的烦恼。

考考你：你能背几句泰戈尔的诗句吗？

真相大白

我们把世界看错了，反说世界欺骗我们。离我们最近的地方，路程却最遥远。我们最谦卑时，才最接近伟大。

泰戈尔的学术思想

1901 年，泰戈尔在加尔各答创办了一所学校，打破原有的印度传统，男女兼收，不分阶级，有教无类。这个学校很特别，除了物理、化学课要进实验室之外，其他的课程都是口授。

泰戈尔邀请世界各地的文人、学者、艺术家到校讲学，把所得的诺贝尔奖奖金全部投入到学校的建设之中。

1915 年，英王为了表彰泰戈尔，授予他爵士头衔。但是 4 年之后，为了抗议英军的大屠杀，泰戈尔放弃了衔称，成为第一位放弃英王授予头衔的人。

谁是美国浪漫主义文学的杰出代表

名人科普馆

沃尔特·惠特曼（1819 年 5 月 31 日—1892 年 3 月 26 日），生于纽约州长岛，美国著名诗人、人文主义者，他创造了诗歌的自由体，有自由诗之父的美誉，代表作品是诗集《草叶集》。

寂寞又孤傲的诗人

1855 年 7 月 4 日，在纽约，一本薄薄的小诗集出版了。这本诗集只有 95 页、12 首诗。绿色的封面，封底上画了几株嫩草，几朵小花，书名叫《草叶集》。扉页上没有作者的名字，卷头上却有一幅铜版像：一个普普通通年轻的劳动者，身穿法兰

绒敞口衬衫，头上斜戴宽边呢帽，嘴上蓄有短须，右手放在身后，左手插在裤袋里，漫不经心地站在那里。

诗集通过“自我”感受和“自我”形象，影射了美国千万个像惠特曼一样顽强奋斗的普通劳动者。

社会上的评价可不像自家人那样客气，简直是一顿臭骂。

考考你： 你知道《草叶集》的得名原因吗？

真相大白

《草叶集》的得名也是源自书中的一句诗：“哪里有土，哪里有水，哪里就长着草。”草叶是最普通、最有生命力的东西，象征着当时正在蓬勃发展的美国。

不过，似乎境况也不是那么遭，因为还是能找到几篇完全赞扬《草叶集》的评论，只是这些都是惠特曼自己写的。33 年后，惠特曼说：

我并不认为我没有一点儿毛病。总得有人替我说话嘛。既然没有人愿说，我就自己说。

大多数天才诗人身上都有那么一股狂气。我们理解惠特曼，因为他是个非常寂寞的诗人。

只有一个人，真正发现了《草叶集》的价值，那就是爱默生。

亲爱的先生：

对于才华横溢的《草叶集》，我不是看不见它的价值的。我认为它是美国至今所能贡献的最了不起的聪明才智的菁华。我在读它的时候，感到十分愉快，伟大的力量总是使我们感到愉快的。

……

我揉揉眼睛，想看看这道阳光是不是幻觉；但是这本书给我的实感又是明确无疑的。它的最大优点就是加强和鼓舞人们的信心。

……

我很想会见使我受到教益的人，并想定下一个任务，去访问纽约，向您致敬。

爱默生

一八五五年七月二十一日

于马萨诸塞州康考德

考考你： 你知道《草叶集》出版后的销售情况吗？

真相大白

据说，这本诗集是自费出版的，初版印了一千册，却连一本都没有卖掉，全送掉了。惠特曼曾拿了几本样本回家。

谁是俄罗斯文学的灵魂

高尔基曾经断言："不认识托尔斯泰者，就不认识俄罗斯。"

名人科普馆

列夫·尼古拉耶维奇·托尔斯泰（1828 年 9 月 9 日—1910 年 11 月 20 日），19 世纪末 20 世纪初俄国最伟大的文学家、19 世纪俄国伟大的批判现实主义作家，是世界文学史上最杰出的作家之一，他被誉为"最清醒的现实主义"的"天才艺术家"。

三部巨作

《童年》《少年》和《青年》被誉为托尔斯泰的自传三部曲，而他最广为人知的三部小说则是《战争与和平》《安娜·卡列尼娜》和《复活》。

1865 年，托尔斯泰最负盛名的长篇小说《战争与和平》出版了。这部小说通常被认为是世界文学中最伟大的长篇小说之一，托尔斯泰为写这部宏伟的史诗几乎用了 7 年时间。托尔斯泰以天才之笔，游刃于战争与和平、心理与社会、历史与哲学、婚姻与宗教之间，小说脉络主次分明，独具匠心。

疯狂的文学家说

《战争与和平》一共分为五部，分别在 1865 年到 1869 年出版，故事以 1812 年俄国卫国战争为中心，反映了 1805 年至 1820 年的重大事件，包括奥斯特利茨大战、波罗底诺会战、莫斯科大战、拿破仑溃退等。小说塑造了近千个人物，通过对四大家庭以及安德列、彼埃尔、娜塔莎在战争与和平环境中的思想和行动的描写，展示了当时俄国社会的风貌，其中流露出对人性的悲悯情怀，穿越时空背景，撼动人心。

诺贝尔文学奖得主罗曼·罗兰在读过这部小说后，称赞道：

考考你： 你知道托尔斯泰的“四最”吗？

真相大白

托尔斯泰是俄国最伟大的作家之一。他在俄罗斯文学史上创造出了四个之最。它们是：创作时间最长、作品数量最多、影响最深远、地位最崇高。

现在，地球人都看这个？

都三天没吃饭了，桌子呢？
这首诗我马上就写完了，写完了再埋我吧！

考考你： 你知道托尔斯泰捐钱给乞丐骗子是为什么吗？

真相大白

托尔斯泰在圣彼得堡广场上，看到一个乞丐衣衫褴褛，托尔斯泰就给他钱，有人告诉托尔斯泰说那人是个骗子，托尔斯泰说："我不是捐给他钱，我是捐给他道义！"

《安娜·卡列尼娜》于1873年至1877年创作而成，但它的基调却与托尔斯泰的上一部小说完全不一样。《战争与和平》是一部热爱生活的乐观小说；《安娜·卡列尼娜》则是悲观的，角色们的内心冲突往往得不到解决，甚至还酿成了人间的灾难，安娜与渥伦斯基的私情所面临的悲惨命运是不可避免的。

托尔斯泰71岁的时候，他创作了最后一部长篇小说《复活》，小说对沙俄的法律、法庭、监狱以及整个国家机器和官方教会，都给予了无情的抨击。

谁是戏剧大师

名人科普馆

查尔斯·斯宾赛·查理·卓别林（1889 年 4 月 16 日—1977 年 12 月 25 日），英国喜剧演员、反战人士、导演。他奠定了现代喜剧电影的基础，与巴斯特·基顿、哈罗德·劳埃德并称为“世界三大喜剧演员”。

经典的卓别林

1903 年，卓别林获得了他的第一个正式角色，扮演《夏洛克·福尔摩斯》中的一个报童。后来，他还演过小丑，直到加入了一个哑剧团才移民美国。

美国移民记录

姓名：查理·卓别林

出生日期：1889 年 4 月 16 日

移民日期：1912 年 10 月 2 日

工作单位：卡尔诺哑剧剧团

确认签名：查理·卓别林

考考你： 你知道卓别林智取歹徒的故事吗？

真相大白

一天，卓别林被歹徒打劫。他对歹徒说：“钱是老板的，他会认为我私吞。拜托你朝我的帽子和衣服开几枪，证明一下吧！”结果歹徒连开 6 枪把子弹打光了。卓别林一下打昏了劫匪，取回钱包。

1918 年，卓别林成立了自己的电影公司，此后他共出演 80 余部喜剧片。

疯狂的历史学家说

卓别林经历了无声电影和有声电影的发展过程。

无声电影是这样的：

有声电影是这样的：

就是你平时看的电影啊！还想什么呢？

考考你： 你知道卓别林为什么不吃鸭子吗？

真相大白

1954 年，周总理赴日内瓦出席国际会议。期间曾邀请卓别林夫妇共进晚餐。席间，卓别林看着北京烤鸭说道：“流浪汉夏尔洛的‘鸭子步’来自鸭子，因此自那之后我就不吃鸭子了。”

虽然从 1927 年开始，有声电影占据了市场主流，但卓别林在这段期间还拍了两部最著名的无声电影《城市之光》《摩登时代》。

锦上添花

《摩登时代》的故事发生在20世纪20年代美国经济萧条时期，工人查理在工厂干活、发疯，被送入精神病院，这一切都与经济危机给人们带来的生存危机有密切的联系。

本片被美国电影学会列入以下名单：

1998年：AFI百年百大电影第81位

2000年：AFI百年百大喜剧片第33位

2007年：AFI百年百大电影(十周年版)第78位。

1940年，卓别林拍摄了他的第一部有声电影《大独裁者》。1952年，卓别林受到麦卡锡主义的迫害，被迫离开美国，定居瑞士。不过卓别林将他对麦卡锡主义的不满和讽刺全部拍摄进了电影《一个国王在纽约》里。

1929年，奥斯卡金像奖的首次颁奖就将特殊奖颁发给了卓别林的《马戏团》。1972年，美国又隆重邀请卓别林回到好莱坞，授予他奥斯卡终身成就奖。

奥斯卡金像奖特别版——五分钟的掌声只属于卓别林！

卓别林因“为本世纪的电影艺术所做出的巨大贡献”而再次获得奥斯卡奖！也得到了奥斯卡金像奖。到目前为止最长的起立致敬！在明星群聚的会场内观众整整起立鼓掌了五分钟！

事实上，这也是奥斯卡历史上时间最长的起立致敬。

不止这两届，卓别林还因《大独裁者》被提名为最佳电影、最佳男主角和最佳原创剧本，因《凡杜尔先生》被提名为最佳原创剧本。

如果是你，两次获得奥斯卡奖，你会怎么做呢？

A 将小金人视若珍宝

B 再接再厉！小金人一直激励着我！

C 写回忆录

一般人都会选择其中一项作为答案，所以，你就无法成为不重荣誉，只专注艺术的查理·卓别林！

看看卓别林是怎么做的吧！

对于此事，卓别林的儿子小查理曾在某本书里写道：卓别林开玩笑般地将他于1929年获得的金像奖当作制门器使用，因此20世纪30年代的电影艺术与科学学院的人对卓别林非常不满。

考考你： 你知道卓别林打苍蝇的趣事吗？

真相大白

一天，卓别林参加教学会。一只苍蝇在他附近盘旋。后来，他找了个苍蝇拍，但没打中。最后，苍蝇竟落下来。可他却没有打。“你怎么不打呀?”有人问道。他说：“这是另一只。”

1975年3月9日，女王伊丽莎白二世授予卓别林爵士勋衔。1977年圣诞节，伟大的戏剧家卓别林选择了这样一个特别的日子为自己的人生画上了句号，享年88岁。

看了不后悔

卓别林主要电影：

美国1915年——《流浪汉》　美国1917年——《安乐街》

美国1918年——《夏尔洛从军记》《狗的生活》

美国1921年——《寻子遇仙记》　美国1923年——《巴黎妇人》

美国1925年——《淘金记》　美国1928年——《大马戏团》

美国1931年——《城市之光》　美国1936年——《摩登时代》

海明威缘何被誉为现代美国著名作家

乞力马扎罗山之所以蜚声国际，应该归功于短篇小说集《乞力马扎罗的雪》。这本小说的作者——海明威也拥有传奇的一生。

伊利诺伊州立大学

《堪城星报》记者

参军打仗

名人科普馆

欧内斯特·米勒·海明威（1899 年 7 月 21 日—1961 年 7 月 2 日），美国记者和作家，被认为是 20 世纪最著名的小说家之一。

传奇人生

海明威出生于美国伊利诺伊州芝加哥市郊区的奥克帕克，高中毕业之后，他面临人生中的重要抉择——上大学、参军或找工作。

最终，18 岁的海明威选择了在美国举足轻重的《堪城星报》。他要做一名记者，正式开始写作生涯。海明威还参加过两次世界大战，但是战争的记忆却是不美好的——虽然他曾经这么以为，但是事实是——战火和死亡深深震撼了海明威，在给父母的信中他写道：

> 亲爱的妈妈：
>
> 我一切安好，不必担心。
>
> ……
>
> 死亡在这里是件非常简单的事情。
>
> ……
>
> 你的孩子欧内斯特

战争结束之后，海明威做回了老本行，并开始文学创作。这些作品也深深地镌刻上战争的标签，将战后一代人的恐惧、苦闷与背弃、徒劳与贫乏用文字表现得淋漓尽致。

考考你： 你知道海明威一天能消耗多少支铅笔吗？

真相大白

海明威每天会从早晨 6 点半一直写到中午 12 点半。他喜欢用铅笔写作，便于修改。有人说他写作时一天用了 20 支铅笔。他说：“没这么多，写得最顺手时一天只用了 7 支铅笔。”

档案室

1936 年，海明威第一部重要的小说《太阳照样升起》出版了。小说描述了一群流落在法国的美国年轻人，在第一次世界大战后迷失了前进的方向，空虚、苦恼而忧郁，只能在沉沦中度日。美国作家斯坦因由此称他们为“迷惘的一代”。

1939—1960 年，海明威在古巴定居。古巴革命成功以后，海明威与古巴革命的领导人菲德尔·卡斯特罗成为了好朋友。在古巴的这段期间海明威写下了闻名于世的作品《老人与海》。

家庭作业

看图说话，通过上面这几幅图，你对《老人与海》有了大致的了解了吗？能说出它的大概内容吗？再去读读这本书，看看你理解得对不对。

考考你：你知道海明威这位硬汉受过什么伤吗？

真相大白

海明威在 1918 年抢救意大利伤员时，身中 227 块炮弹片和枪弹头。海明威酷爱斗牛和渔猎。有一次，他差点儿被公牛挑死，后来在打猎时被飞出的流弹击伤眼睛，飞机失事时又被烧伤。

就是这本书，为海明威赢得了 1953 年的普利策奖和 1954 年的诺贝尔文学奖。2001 年，他的《太阳照样升起》与《永别了，武器》被美国现代图书馆列入“20 世纪中的 100 部最佳英文小说”。

你也想写出风格简洁但是意义深远的作品吗？来看看你合不合格吧！

首先，你要每天早晨6点半就开始写作，一直写到中午12点半。

其次，你要一直站着写。

第三，你要用铅笔写作。

最后，你要坚持不断地改动，直到出版的前一刻！

考考你： 以下哪部作品不是海明威的作品？

A《有钱人与没钱人》

B《乞力马扎罗的雪》

C《雾都孤儿》

D《第五纵队与49个故事》

真相大白

答案C，《雾都孤儿》是美国作家狄更斯于1838年出版的写实小说。答对了吗？请看海明威作品表，就一目了然啦！

为什么说雨果是法国文学的先驱者

巴特莱上尉：

先生，您征求我对远征中国的意见……既然您想了解我的看法，那就请往下读吧。

在世界的某个角落，有一个世界奇迹。这个奇迹叫圆明园……人们常说：希腊有巴特农神庙，埃及有金字塔，罗马有斗兽场，巴黎有圣母院，而东方有圆明园……这个奇迹已经消失了。

有一天，两个强盗闯进了圆明园。一个强盗洗劫，另一个强盗放火。

……

将受到历史制裁的这两个强盗，一个叫法兰西，另一个叫英吉利。我要抗议，不过，感谢您给了我这样一个抗议的机会。

……

我希望有朝一日，解放了的干干净净的法兰西会把这份战利品归还给被掠夺的中国。

先生，以上就是我对远征中国的全部赞誉。

维克多·雨果

1861年11月25日

于高城居

名人科普馆

维克多·马里·雨果（1802 年 2 月 26 日—1885 年 5 月 22日），法国浪漫主义作家的代表人物，是 19 世纪前期积极浪漫主义文学运动的领袖，法国文学史上卓越的作家。

罗曼·罗兰曾经这样评价雨果：“在文学界和艺术界的所有伟人中，他是唯一活在法兰西人民心中的伟人。”

初露锋芒

雨果的父亲是拿破仑手下的一位将军，小时候的雨果和爸爸一起在西班牙过着叱咤风云的生活。后来，他回到巴黎上学并攻读法律，但他的兴趣在于写作，15 岁就崭露头角，获得了法兰西学院的诗歌竞赛大奖，17 岁在“百花诗赛”获得了第一名，20 岁就出版诗集《颂诗集》。

考考你： 请问雨果与出版商间的信是如何写的？

真相大白

法国著名作家雨果把《悲惨世界》的手稿寄给一个出版商，好久没有回音，雨果便写了一封信去问，信是这样写的：“？——雨果。”出版商的回信是：“！——编辑部。”

那个时候，东方对于欧洲而言就如同神话一样，雨果也不例外，他对东方怀有十分美好的想象，甚至还把自己的房间布置成中式的样子，这个房间至今都保存在巴黎雨果故居纪念馆中。

呕心之作

雨果一生著作颇丰，创作历程超过 60 年，留下的作品包括 26 卷诗歌、20 卷小说、12 卷剧本、21 卷哲理论著，合计 79 卷，他的作品是人类历史中重要的文化遗产。这其中最为著名的就是《巴黎圣母院》和《悲惨世界》。

第一部 《巴黎圣母院》

《巴黎圣母院》叙述一个发生在15世纪法国的故事：巴黎圣母院副主教克罗德道貌岸然、蛇蝎心肠，先爱后恨，迫害吉卜赛女郎爱斯梅拉尔达。面目丑陋、心地善良的敲钟人卡西莫多为救女郎舍身取义。小说揭露了宗教的虚伪，宣告禁欲主义的危害，歌颂了下层劳动人民的善良、友爱、舍己为人，反映了雨果的人道主义思想。

《巴黎圣母院》是雨果第一部大型浪漫主义小说，也是“命运三部曲”的第一部。这部仅用一百五十余天便完成的小说，刻画了在那个黑暗的时代普通百姓不可逃脱的悲惨命运。然而，即使在这样的命运安排下，雨果也始终满怀希望。

第二部 《悲惨世界》

《悲惨世界》是“命运三部曲”的第二部，也最能代表雨果的思想艺术风格。这部小说取材于真实的故事，从1828年起构思，到1845年动笔创作，直至1861年才终于成书，历时三十余年。

故事的主线围绕获释罪犯冉阿让赎罪的历程展开。这部宏大的小说，融进了法国的历史，以及巴黎的建筑、政治、道德、哲学、法律、正义、宗教信仰，审视了善、恶和法律的本质，同样还有爱情与亲情的种类和本质。

看完才知道

你知道在文学界大家是如何评价《悲惨世界》的吗？

在这里，在近半个世纪历史过程中广阔的社会生活画面均一一展现出来：外省偏僻的小城、滨海的新兴工业城镇、可怕的法庭、黑暗的监狱、巴黎悲惨的贫民窟、阴暗的修道院……在这幅画卷中的每一个场景，无不栩栩如生，其细部也真切入微，而画幅的形象又是那么鲜明突出，色彩是那么浓重瑰丽，气势是那么磅礴浩大，堪称文学史上现实主义与浪漫主义结合的典范。

考考你： 你不知道雨果也有过失败的经历吗？

真相大白

七月革命之后，雨果当选为贵族院议员。而雨果创作中的斗争性也大为减弱。1843 年，雨果写了一个叫作《卫戍官》的剧本。但该剧上演时却遭到观众的嘲笑，此后，雨果 10 年没有写作。

图书在版编目（C I P）数据

揭秘德艺双馨的文艺巨匠 / 崔钟雷主编. -- 北京：
知识出版社，2014.8
(超级疯狂阅读系列)
ISBN 978-7-5015-8158-0

Ⅰ. ①揭… Ⅱ. ①崔… Ⅲ. ①文艺工作者 - 生平事迹 - 世界 - 少儿读物 Ⅳ. ①K815.7-49

中国版本图书馆 CIP 数据核字(2014)第 181195 号

超级疯狂阅读系列——揭秘德艺双馨的文艺巨匠

出 版 人 姜钦云
责任编辑 李 珃
装帧设计 稻草人工作室
出版发行 知识出版社
地　　址 北京市西城区阜成门北大街 17 号
邮　　编 100037
电　　话 010-88390659

印　　刷 三河市人民印务有限公司
开　　本 710mm × 940mm 1/16
印　　张 8
字　　数 80 千字
版　　次 2014 年 8 月第 1 版
印　　次 2025 年 1 月第 6 次印刷
书　　号 ISBN 978-7-5015-8158-0
定　　价 32.00 元